OBSERVATIONS

PRÉSENTÉES PAR LA

FACULTÉ LIBRE DE DROIT

D'ANGERS

SUR

LE PROJET DE RÉFORME

DES

ÉTUDES DE LA LICENCE EN DROIT

ANGERS

IMPRIMERIE LACHÈSE ET DOLBEAU

4, Chaussée Saint-Pierre, 4

1888

OBSERVATIONS

PRÉSENTÉES PAR LA

FACULTÉ LIBRE DE DROIT

D'ANGERS

SUR

LE PROJET DE RÉFORME

DES

ÉTUDES DE LA LICENCE EN DROIT

ANGERS

IMPRIMERIE LACHÈSE ET DOLBEAU

4, Chaussée Saint-Pierre, 4

1889

OBSERVATIONS

DE LA

FACULTÉ LIBRE DE DROIT

D'ANGERS

M. Lockroy, ministre de l'Instruction publique dans le cabinet que présidait M. Floquet, au commencement de 1889, a soumis à l'examen des Facultés de droit de l'État, un projet de réforme de la Licence en droit, élaboré à sa demande par la Faculté de Paris. M. le Ministre n'a point sollicité l'examen des Facultés libres. La Faculté libre de droit d'Angers ne croit pas pouvoir affecter d'ignorer des projets de réforme qui l'intéressent au même titre que les Facultés officielles, et elle vient avec les autres Facultés libres de France, soumettre respectueusement à M. le Ministre et aux membres du Conseil supérieur de l'Instruction publique, ses observations sur la réforme projetée.

L'objet de cette réforme est ainsi précisé dans la circulaire ministérielle du 12 janvier 1889 :

« On s'est proposé, tout en maintenant l'unité de grade et sans diviser chaque Faculté en sections parallèles d'apporter dans les études juridiques plus de richesse, de variété, de souplesse et de les mieux adapter à la diversité de leurs destinations... Or, si nos études de droit, telles qu'elles sont organisées aujourd'hui, excellent à former l'esprit juridique et à inculquer les méthodes dont il se sert, elles sont incomplètes sur plus d'un point, surtout en ce qui concerne les matières économiques et les diverses branches du droit public.

« Actuellement les matières de la licence sont les suivantes : Le droit romain pendant deux ans, le code civil pendant trois, la procédure civile, le droit criminel, le droit administratif, l'économie politique, le droit commercial, le droit international privé. Rien du droit constitutionnel ; rien du droit international public ; rien de la législation et de la science financières ; rien de la législation et de l'économie coloniales ; rien de la législation industrielle... La licence en droit semble avoir été considérée surtout comme une préparation professionnelle au barreau et à la magistrature. Là, sans doute, est une de ses fonctions essentielles, mais ce n'est pas la seule ; il ne faut pas oublier que, parmi nos licenciés en droit, un très grand nombre ne se destine ni à la magistrature, ni au barreau, mais aux fonctions politiques et administratives et aux carrières commerciales et industrielles. »

Il y a donc, dans l'enseignement des Facultés de droit, suivant le ministre, une grave lacune : Comment la combler ? Augmentera-t-on la durée de la scolarité ? Supprimera-t-on, ou, tout au moins, réduira-t-on l'enseignement de certaines matières qui figurent au programme actuel pour faire place à des matières nouvelles, sans accroître la durée des études ?

Le Ministre s'arrête à ce dernier parti ; mais comme toutes les « réductions », les « allègements » qu'il propose, ne permettent de donner aux enseignements nouveaux qu'un développement insuffisant, il organise, en seconde et en troisième année, à côté d'enseignements communs à tous les étudiants, un certain nombre d'enseignements dits *à option* parmi lesquels les étudiants choisiront librement ceux qui leur plairont davantage et élimineront les autres.

En résumé, maintien de la scolarité à trois années ; maintien de l'unité du grade ; études en partie communes et en partie différentes, couronnées par deux diplômes distincts, mais équivalents. .

Voilà l'organisation qui « réaliserait, sans aucun doute, un très sensible progrès sur l'état de choses actuel. »

Pour embrasser la portée et le détail de la réforme, il est utile de placer en regard du tableau des matières enseignées aujourd'hui, le tableau des modifications proposées :

Répartition actuelle des enseignements	Réforme proposée
	PREMIÈRE ANNÉE *(Tous les enseignements sont communs)*
PREMIÈRE ANNÉE	1. Droit romain (considérée surtout comme introduction au Droit français.
1. Droit romain (Les deux premiers livres des Instituts).	2. Code civil.
2. Code civil.	3. Économie politique.
3. Droit criminel.	4. { Histoire générale du Droit français (1er semestre). Droit constitutionnel (2e semestre.
4. Histoire du Droit.	
SEC ONDE ANNÉE	SECONDE ANNÉE *Enseignements communs*
1. Droit romain (Fin des Institutes).	1. Code civil.
	2. Droit administratif.
2. Droit civil.	*Enseignements à option*
	Droit romain.
3. Procédure civile.	Procédure civile.
	Science et législation financières.
4. Économie politique.	{ Organisation judiciaire (1er semestre. Droit criminel (2o semestre).

TROISIÈME ANNÉE	TROISIÈME ANNÉE
	Enseignements communs
1. Droit civil.	Droit civil.
	Droit commercial.
2. Droit commercial.	*Enseignements à option*
	Droit criminel.
3. Droit administratif.	Droit international privé et notions de droit international public.
4. Droit international privé.	Droit des gens général (1er semestre).
	Droit administratif approfondi.
	Droit des gens approfondi.
	Législation coloniale.
	Économie coloniale (?)
	Législation industrielle.

(En regard des enseignements à option du second bloc : « 2e semestre — Option entre (?) trois des enseignements ci-contre. »)

D'objections à la réforme, le Ministre n'en prévoit que deux : Les enseignements nouveaux exigeront une augmentation de personnel et de dépenses ; ils n'offriront pas aux agrégés chargés des nouveaux cours, les mêmes chances d'avenir que celles qui résultent de l'organisation actuelle. La première objection disparaîtra, si le Parlement vote les crédits nécessaires ; la seconde, si le Ministre attaché désormais le titre de professeur à la personne et non à l'enseignement. M. Lockroy, était disposé à prendre une décision en ce sens.

Les critiques que la Faculté libre de droit d'Angers formule contre ce projet sont bien autrement sérieuses. Elle estime que loin de constituer « un progrès très sensible », la réforme proposée porterait aux études juridiques la plus grave atteinte notamment : par la réduction, premier pas vers la suppression des études de droit romain ; par l'option permise aux étudiants de seconde et à ceux de troisième année, entre deux enseignements différents, l'un spécialement judiciaire, l'autre spécialement administratif ; par l'équivalence des diplômes qui, malgré des études différentes, conduiront au même grade et permettront également l'accès des carrières judiciaires à ceux qui auront négligé les études judiciaires pour suivre les études administratives, et l'accès des carrières administratives à ceux qui auront délaissé les études administratives pour s'attacher aux études judiciaires.

I

Les grands jurisconsultes anciens, nos maîtres modernes et avec eux les programmes officiels se sont-ils mépris, en considérant que le droit romain devait être la base des études juridiques? Des esprits superficiels ou étrangers à la science du droit pourraient seuls le penser et soutenir que la législation romaine n'a plus, en quelque sorte, qu'un intérêt archéologique et usurpe dans nos programmes la place d'enseignements plus modernes ou plus pratiques.

Le droit français presque tout entier, leur répondrions-nous, est sorti du droit romain qui mériterait à ce seul point de vue de conserver la place d'honneur qui lui a été donnée dans nos Facultés. Mais le droit romain, ajouterions-nous avec tous ceux qui l'ont enseigné ou sérieusement étudié, présente une bien autre utilité : l'étude de ses origines, de son développement, des tempéraments que l'équité a mis successivement à la rigueur de ses prescriptions primitives, constitue la plus précieuse des philosophies du droit et l'instrument qui mieux qu'aucun autre contribue à former la langue, la méthode et l'esprit juridiques sans lesquels il n'y aura jamais de vrai jurisconsulte.

Or, de l'aveu de tous les hommes compétents et d'après une expérience dont nul ne contestera les leçons, deux années d'enseignement sont un *minimum* indispensable pour tirer un profit quelconque de l'étude du droit romain.

Dans la nouvelle organisation du programme de licence, le droit romain n'est plus obligatoire que la première année : et encore ne l'étudie-t-on que comme introduction au droit français, c'est-à-dire qu'il disparaît en tant que droit romain ou n'est envisagé que de la façon la plus sommaire et la plus incomplète. Ainsi présenté, il est fort à craindre que le droit romain, comme l'a justement écrit M. Accarias, « ne porte le trouble dans l'esprit de l'étudiant, ne l'encombre de ce demi-savoir qui obscurcit tout, engendre les idées fausses et, inutile en lui-même, ne soit qu'un danger pour d'autres études. »

En seconde année, le cours de droit romain n'est plus que facultatif. Qui le suivra? L'étudiant de première année en aura ou croira en avoir exprimé la quintessence, le reste, d'après le programme même, n'est qu'une superfluité. Et puis que comprendra ce cours de seconde année? Le droit romain approfondi? Il serait puéril de le penser. Certaines parties seulement du droit romain? alors toute vue d'ensemble est supprimée. Le développement du cours de première année? mais il s'agira d'envisager le droit romain à un point de vue tout différent! C'est une étude nouvelle à commencer, et il sera impossible de la faire complète.

Si le droit romain n'a plus sa place dans les programmes de licence, il est condamné fatalement à disparaître du programme de doctorat et la ruine des études juridiques sera consommée.

A ce premier point de vue, la réforme qu'a proposée le précédent ministre de l'Instruction publique ne saurait être acceptée.

II

L'option laissée aux étudiants à partir de la seconde année entre deux natures d'enseignement ne nous paraît pas moins fâcheuse. Outre que cette innovation rompt l'unité nécessaire d'études qui conduisent au même grade, les divise ou prépare leur division en deux sections, la section judiciaire et la section administrative, et réalise, au moins partiellement, cette bifurcation condamnée avec une énergique persistance par la Faculté de Paris, elle ouvre la porte à de nombreux abus ; tout d'abord elle fait glisser l'enseignement du terrain juridique sur le sol mouvant de l'économie et de la politique dont il faut soigneusement l'écarter. On voit figurer au programme des matières étrangères au droit et que ni les études du doctorat ni même les épreuves de l'agrégation ne préparent en quoi que ce soit les professeurs à enseigner. De plus, chose à peine croyable ! on sacrifie trois de nos Codes sur cinq et on les remplace par des sciences nouvelles contestables ou mal définies : ainsi un aspirant à la licence en droit est autorisé à laisser de côté le Code pénal, le Code d'instruction criminelle, le Code de procédure civile pour leur substituer la science financière, la législation coloniale et l'économie coloniale (?)

Il y a là une tendance malheureuse contre laquelle ceux qui ont mission de conserver aux études de droit leur caractère de sciences juridiques, de sciences de principes et de raisonnement ne sauraient trop énergiquement réagir.

L'option imposée aux étudiants à un âge où beaucoup cherchent encore leur voie et ne l'ont pas trouvée, présente un autre danger qu'il est impossible de se dissimuler.

Enfin tous les rapports officiels constatent la malheureuse tendance des étudiants à n'étudier que le moins possible, à se contenter de notions superficielles acquises à la hâte dans des manuels quelconques et dont il ne reste rien le lendemain de l'examen. Les étudiants suivront la voie qu'on leur trace ; ils iront aux enseignements les plus faciles ; les cours les plus utiles seront désertés. Le talent, l'originalité, la bienveillance excessive, peut être la popularité d'un professeur ou tout autre caprice, quel qu'il soit, dictera trop souvent leur choix. Certains cours, la procédure, par exemple, devenue facultative, seront universellement sacrifiés et l'on verra monter sur le siège du magistrat, pour remplir les périlleuses et délicates fonctions de juge, de jeunes licenciés en droit qui n'auront jamais étudié ni procédure civile, ni droit criminel ! qui feront leur apprentissage à l'audience aux dépens des justiciables et étaleront leur ignorance en public au grand dommage et de leur dignité personnelle et de la dignité de leurs fonctions !

III

Le projet ministériel institue deux diplômes, correspondant aux deux types d'études judiciaires et administratives entre lesquelles l'étudiant a le choix, mais malgré la diversité de ces études, il maintient l'unité du grade avec les avantages qui y sont attachés et proclame l'équivalence des diplômes. Cela veut dire qu'un licencié en droit pourvu du diplôme des sciences politiques et administratives aura légalement autant d'aptitude à entrer dans les carrières judiciaires qu'un licencié en droit pourvu du diplôme des sciences judiciaires, — et réciproquement. Sur ce point, tout au moins, il est difficile de prétendre que la réforme constituera un progrès, car les juges et les administrateurs dont nous venons de parler auront, les premiers moins de science juridique, les seconds moins de science administrative que ceux qui suivent les programmes actuels.

On imagine d'ailleurs malaisément comment le diplôme de licencié en droit peut être conféré à un jeune homme qui ignorera légalement qu'il existe un Code pénal, un Code d'instruction criminelle et un Code de procédure civile !

Dira-t-on que pour nommer des administrateurs ou des magistrats, les ministres tiendront compte de la nature des diplômes obtenus et des études faites, — ce qui serait fort raisonnable, — alors nous ferons observer que l'équivalence des diplômes est une duperie et qu'on arrivera forcément à ce résultat que le ministre repousse et contre lequel proteste hautement la Faculté de Paris, « deux diplômes ayant chacun sa valeur propre et distincte. »

On comprendrait que le diplômé ès-sciences juridiques pût entrer dans l'administration après avoir subi un examen spécial de droit administratif ou que le diplômé ès-sciences administratives pût entrer dans les fonctions judiciaires en passant un examen sur la procédure civile et sur le droit criminel. Mais l'équivalence des diplômes telle qu'elle résulte du projet ministériel est inadmissible.

La réforme, sur certains points, effectue une véritable révolution. Or, d'après M. Lockroy, cette révolution n'est pas nécessaire. « Nos études de droit, dit la circulaire du 12 janvier 1889, telles qu'elles sont organisées aujourd'hui, *excellent à former l'esprit juridique et à inculquer les méthodes dont il se sert,* » donc, il faut les changer, conclut le ministre. Au contraire, dirons-nous, il faut les conserver. « Elles sont incomplètes sur plus d'un point, surtout en ce qui concerne les matières économiques et les diverses branches du droit public. » A cet égard, la Faculté pense comme M. le Ministre : alors complétons les programmes et le but poursuivi sera atteint.

Si l'on veut ajouter au programme actuel sans rien retrancher de ce qu'il comporte, il sera nécessaire de prolonger la durée des études juridiques. Le rapporteur de la Faculté de Paris l'a écrit avec raison et la circulaire a pu s'approprier ce passage de son rapport: « Les programmes de licence contiennent actuellement le *maximum* de ce qu'ils peuvent embrasser avec fruit. » Accroître le nombre des matières de l'enseignement sans augmenter la durée de la scolarité, c'est gagner en superficie et perdre en profondeur c'est-à-dire étendre le champ de la mémoire et restreindre d'autant celui du jugement.

La Faculté de droit de Paris avait proposé en 1878 d'ajouter une année de scolarité à celles qui existent déjà, mais en n'imposant cette quatrième année d'études , uniquement consacrée aux sciences politiques et administratives, qu'aux licenciés en droit qui briguaient un diplôme es-sciences politiques et administratives, en vue d'entrer dans les hautes fonctions de l'Administration. Aujourd'hui encore elle renouvelle pour ce système l'expression de ses préférences.

M. Lockroy ne partage pas les idées de la Faculté de Paris. Il considère comme une *iniustice* d'exiger quatre années d'études et un double diplôme du licencié en droit qui aspirera aux fonctions de conseiller de préfecture, tandis qu'on ne demandera que trois années d'études et un seul diplôme à celui qui se destinera aux carrières judiciaires. Il redoute « pour

l'ordre et la symétrie de notre système universitaire, la super-
position d'une licence à une autre. » Enfin, il invoque une raison qu'il qualifie d'irrésistible : « Nous sommes, dit-il, à la
veille du service militaire de trois ans et ce n'est pas le moment
d'ajouter une année aux trois années d'études de la licence. »

Cette dernière raison, si elle était « irrésistible, » démontre-
rait *irrésistiblement* un des vices de notre loi militaire et peut-
être serait-ce de ce côté que, pour sauvegarder la haute culture
intellectuelle et assurer le recrutement des fonctionnaires
publics avec toutes les conditions de capacité désirable, le
ministre devrait porter ses efforts, en vue d'obtenir une réforme,
une modification ou certaines dispenses.

L'objection tirée de l'inconvénient qu'il y aurait à « super-
poser une licence à une autre, » et à « troubler l'ordre et la
symétrie de notre système universitaire » repose sur des appa-
rences et sur des mots plutôt que sur des réalités. On peut
renoncer à ce titre de licence ès-sciences administratives et à
ce diplôme spécial qui offusquent le Ministre tout en exi-
geant des licenciés en droit qui veulent entrer dans les carrières administratives un examen spécial sur les matières
d'administration. Il n'y a rien là qui trouble « l'ordre et l'har-
monie de notre système universitaire » alors surtout que de
nombreuses carrières administratives ne s'ouvrent actuellement devant le licencié en droit que quand il a subi un examen
démontrant qu'il connaît théoriquement les choses qu'il
demande à pratiquer. Ce n'est pas davantage une « injustice »
d'exiger du candidat à l'administration qu'il sache du droit
administratif. La véritable injustice résulte du projet ministériel qui, malgré des études diverses, maintient l'unité du grade
et permet légalement au licencié qui n'aura point fait d'études
administratives d'entrer dans l'administration en même temps
d'ailleurs qu'il permet de pourvoir d'une fonction judiciaire le
licencié qui n'aura jamais ouvert le Code de procédure civile,
le Code pénal et le Code d'instruction criminelle.

L'examen administratif spécial pourrait d'ailleurs être subi
à quelque époque que ce fût par le licencié en droit, au lendemain même de son examen de licence, si, pour préparer l'exa-

men spécial il s'est imposé au cours de ses études un surcroît de travail, comme ceux des aspirants licenciés qui font de la procédure chez un avoué ou préparent les examens du commissariat de Marine.

Toutefois les préférences de la Faculté sont pour le système qui imposerait à tous les aspirants à la licence un même programme, une même durée d'études et qui rendrait le licencié en droit également apte à remplir une fonction judiciaire ou une fonction administrative.

On reconnaît qu'il est nécessaire que l'administrateur sache du droit administratif, du droit constitutionnel, du droit des gens et possède des notions de science financière. Ces différentes sciences, étudiées théoriquement comme on doit le faire à l'école, seraient-elles inutiles au magistrat? Doivent-elles lui rester étrangères? N'est-il pas, par exemple, aussi intéressé à savoir où commence le domaine de l'administration, que l'administrateur à savoir où commence le domaine judiciaire? L'utilité du droit administratif pour le magistrat est si bien reconnu que le droit administratif fait partie du programme actuel de la licence. Or, pour répondre aux préoccupations de M. le Ministre qui veut introduire dans l'enseignement du droit des matières qualifiées par lui de nouvelles, il n'y a pas un cours de droit administratif qui ne s'ouvre par quelques leçons de droit constitutionnel et par l'étude de la constitution qui nous régit; il n'y a pas un cours de droit administratif qui ne contienne des notions de science financière et ne traite de la comptabilité publique, législative, administrative et judiciaire; des impôts et de leur contentieux; des emprunts, de la dette inscrite, de la dette flottante, de la dette viagère; enfin dans les cours de droit administratif, la législation industrielle trouve sa place notamment pour ce qui concerne les brevets d'invention, les marques de fabrique, la propriété artistique et littéraire. Sans doute, toutes ces matières resserrées avec le reste du programme de droit administratif dans le laps de temps restreint d'une année, qui ne comprend en réalité que sept à huit mois, ne peuvent être qu'effleurées au grand détriment de l'intérêt et de l'utilité qu'un pareil cours peut présenter. Si deux années étaient accordées au développement de cet enseignement que futurs magistrats et futurs adminisirateurs devraient suivre également, les désirs de M. le Ministre seraient en grande partie satisfaits et au lieu d'être abaissé, le niveau de la capacité des licenciés serait sensiblement relevé.

La Faculté estime que, si l'on doit maintenir au programme toutes les matières qui y figurent actuellement, une quatrième année de scolarité ou tout au moins un semestre d'études complémentaires s'imposera nécessairement, mais il lui paraît de beaucoup préférable de ne pas prolonger la durée des études de licence et, pour faire place à une seconde année de droit public et administratif, d'éliminer du programme un enseignement récemment introduit qui pourrait en disparaître sans de sérieux inconvénients, le droit international privé. La Faculté n'entend pas prétendre que cette science, science nouvelle et plutôt en formation que formée, soit sans utilité mais elle estime que le cours de droit international privé, n'offre pas un intérêt pratique suffisant et doit s'effacer devant un enseignement qui, de l'aveu de tous, est préférable à cause de sa valeur propre et de sa portée plus générale. Du reste, elle fait remarquer que les principes juridiques qui président à la solution des conflits entre les lois étrangères et les lois françaises, sont exposés dans les divers cours de droit, principalement dans le cours de droit civil et dans le cours de droit commercial, que les questions les plus importantes et les décisions judiciaires qui les ont tranchées y sont étudiées et que, par conséquent, la matière du droit international privé sera fractionnée entre plusieurs enseignements plutôt que supprimée.

La deuxième année du cours de droit public et administratif, pourrait comprendre, pendant un semestre, du droit des gens et du droit constitutionnel et pendant un autre semestre, la science financière et la législation industrielle.

Nous laissons de côté comme d'un intérêt trop restreint et

trop spécial, au point de vue des études de licence, la législation coloniale et surtout l'économie coloniale dont le domaine juridique ne se dégage pas avec une suffisante netteté.

La réforme ainsi limitée, serait modeste sans doute, mais elle donnerait satisfaction à toutes les préoccupations légitimes. Au lieu de porter atteinte aux études de droit, elle les complèterait et les fortifierait. Elle les maintiendrait, avant tout, sur leur terrain propre, au milieu des principes qui sont leur force et ne les entraînerait pas dans des voies trop exclusivement économiques et politiques où l'enseignement du droit, les étudiants en droit et les Facultés de droit, ne sauraient s'égarer sans de graves inconvénients.

En résumé, la Faculté libre de droit d'Angers repousse le projet ministériel :

1º En ce qu'il modifie les conditions de l'enseignement du droit romain et, par une organisation destructive de cet enseignement, porte un coup fatal aux études juridiques dont le droit romain est et doit rester la base ;

2º En ce qu'il permet aux étudiants à partir de la seconde année d'opter entre divers enseignements : innovation fâcheuse qui rompt l'unité des études juridiques, établit une sorte de bifurcation incompatible avec l'unité du grade, favorise les sciences d'ordre politique aux dépens des sciences d'ordre juridique, et nuit, à la fois, au travail des étudiants et à la solidité des études ;

3º En ce qu'il maintient l'unité du grade et l'équivalence des diplômes, après avoir admis la diversité des études, et, ouvrant également les carrières judiciaires à ceux qui auront opté pour les enseignements administratifs et les carrières administratives à ceux qui auront opté pour les enseignements judiciaires, supprime ou diminue les conditions de capacité auxquelles doivent satisfaire les différents fonctionnaires ;

Elle émet l'avis :

1º Que le diplôme et le grade de licencié en droit continuent à être le couronnement d'études juridiques les mêmes pour tous, et donnent aux licenciés, une aptitude égale à remplir les fonctions judiciaires et les fonctions administratives.

2º Que l'enseignement du droit soit maintenu sur les bases actuelles ; que toutefois, il soit « complété en ce qui concerne les diverses branches du droit public. »

3º Que les programmes de licence, « contenant le maximum de ce qu'ils peuvent embrasser dans la durée actuelle de la scolarité », le droit international privé soit remplacé par un cours comprenant des notions de droit des gens et de droit constitutionnel, des notions de science financière et de législation industrielle.

Les diverses matières de l'enseignement pourraient être ainsi réparties :

PREMIÈRE ANNÉE

Droit romain.
Droit civil.
Histoire du Droit.
Droit criminel.

DEUXIÈME ANNÉE

Droit romain.
Droit civil.
Procédure civile.
Droit administratif.

TROISIÈME ANNÉE

Droit civil.
Droit commercial.
Économie politique.
Droit des gens.
Droit constitutionnel.   } 1er semestre.
Législation industrielle.
Science financière.   } 2º semestre.

Le Rapporteur, F. LUCAS

Professeur à la Faculté libre de droit d'Angers.

ANGERS, IMPRIMERIE LACHÈSE ET DOLBEAU.

9 782013 048606